BEI GRIN MACHT SICH IHR WISSEN BEZAHLT

AF144002

- Wir veröffentlichen Ihre Hausarbeit, Bachelor- und Masterarbeit

- Ihr eigenes eBook und Buch - weltweit in allen wichtigen Shops

- Verdienen Sie an jedem Verkauf

Jetzt bei www.GRIN.com hochladen und kostenlos publizieren

GRIN

Bibliografische Information der Deutschen Nationalbibliothek:

Die Deutsche Bibliothek verzeichnet diese Publikation in der Deutschen National-bibliografie; detaillierte bibliografische Daten sind im Internet über http://dnb.d-nb.de/ abrufbar.

Impressum:

Copyright © 2008 GRIN Verlag, Open Publishing GmbH
Druck und Bindung: Books on Demand GmbH, Norderstedt Germany
ISBN: 978-3-668-11309-1

Dieses Buch bei GRIN:

http://www.grin.com/de/e-book/160247/organisationsentwicklung-und-reorganisa-tion-ein-ueberblick

Daniel Grenzmann

Organisationsentwicklung und Reorganisation. Ein Überblick

GRIN Verlag

GRIN - Your knowledge has value

Der GRIN Verlag publiziert seit 1998 wissenschaftliche Arbeiten von Studenten, Hochschullehrern und anderen Akademikern als eBook und gedrucktes Buch. Die Verlagswebsite www.grin.com ist die ideale Plattform zur Veröffentlichung von Hausarbeiten, Abschlussarbeiten, wissenschaftlichen Aufsätzen, Dissertationen und Fachbüchern.

Besuchen Sie uns im Internet:

http://www.grin.com/

http://www.facebook.com/grincom

http://www.twitter.com/grin_com

Universität der Bundeswehr Hamburg/
Helmut-Schmidt Universität
Fakultät für Geistes- und Sozialwissenschaften

Thema: Organisationsentwicklung

Seminar: Reorganisation (91304)

3.Trimester, Studentenjahrgang 2007

Daniel Grenzmann

Gliederung:

Anhang:

1. Einleitung

Das Seminar „Organisationslehre und Reorganisation" thematisiert die Reorganisation von Betrieben. Aufbauend auf Grundlagen wie Grundbegriffen der Organisationstheorie, den Strukturdimensionen und Typologien von Organisationen um nur wenige zu nennen, werden exemplarisch drei Typen der Reorganisation vorgestellt. Im Einzelnen sind dies das ‚Business Reengineering', die ‚Organisationsentwicklung' sowie die ‚beteiligungsorientierte Reorganisation'. Diese zeichnen sich durch verschiedene Charakteristika aus und bedienen sich verschiedener Instrumente der Reorganisation.

Diese Ausarbeitung legt den Fokus auf die ‚Organisationsentwicklung' mit ihren Veränderungs- und Eingriffsmöglichkeiten in Strukturen und Prozesse. Verdeutlicht werden aber auch die Unterschiede zu den beiden anderen erwähnten Reorganisationstypen.

Der Begriff ‚Organisationsentwicklung' hat sich bis heute zu einem weit verbreiteten „Modewort" gemausert, das in verschiedensten Kontexten Anwendung findet. Im Kontext der Reorganisation ist mit ‚Organisationsentwicklung' im weitesten Sinne die stetige Fort- und Weiterentwicklung von Organisationen oder Teilbereichen dieser Organisationen in einem sich wandelnden Umfeld (vgl. Rosenstiel et al 1999, S. 632).

Um diesen Begriff mit etwas mehr Trennschärfe auszustatten wird im nachfolgenden Kapitel der Begriff ‚Organisationsentwicklung' zunächst definiert. Darüberhinaus erfolgt bereits eine inhaltliche Unterscheidung zu den Reorganisationsarten ‚Business Reengineering' und ‚beteiligungsorientierte Reorganisation'.

In den darauf folgenden Kapiteln (Kapitel 3 – 6) wird der Begriff mit Inhalt gefüllt, um so ein abgerundetes Bild darzustellen. Im Einzelnen wird eingegangen auf die Quellen der Organisationsentwicklung (welche sind die Einflussgrößen der Organisationsentwicklung als Reorganisationstyp), die Philosophie der Organisationsentwicklung, den Ablauf der Organisationsentwicklung, sowie ihre Auswirkungen.

Abschließend werden die wichtigsten Arbeitsergebnisse zusammengefasst kritisch bewertet und in einen übergeordneten Kontext eingebettet (Kapitel 7).

2. Definition, Abgrenzung und Ziele der Organisationsentwicklung

Es gibt nicht die eine unumschränkt gültige Definition. Für diese Arbeit zugrunde gelegt werden soll eine Definition von Rush, der Organisationsentwicklung wie folgt definiert: „Organisationsentwicklung ist ein geplanter, gelenkter und systematischer Prozess zur Veränderung der Kultur, der Systeme und des Verhaltens einer Organisation mit dem Ziel, die Effizienz der Organisation bei der Lösung ihrer Probleme und der Erreichung ihrer Ziele zu verbessern" (von Rosenstiel 1999, S. 635).

Diese Definition veranschaulicht, dass die Organisationsentwicklung Organisationen als lebendige Systeme begreift und den sozialen Beziehungen innerhalb dieser Systeme eine große Bedeutung zuschreibt. Deshalb ist besonders die Eigenschaft der Organisationsentwicklung als partizipatives Konzept hervorzuheben. Als ein solches ist der Gedanke der Menschenführung ein wichtiger integraler Bestandteil. Gerhard Comelli weist darauf hin, dass Organisationsentwicklung mehr als nur das reine Planen, Organisieren und die Administration von betrieblichen Abläufen ist (vgl. von Rosenstiel 1999, S. 635f).
Die entsprechende Art des Vorgehens, die Methoden der Steuerung und Beeinflussung sowie die Systematik machen dieses Konzept aus sind zentrale Einflussfaktoren für Erfolg oder Misserfolg (vgl. von Rosenstiel 1999, S. 636). Diese Art und Weise des Vorgehens kann am besten mit dem Slogan „Die Betroffenen zu Beteiligten machen" beschrieben werden (vgl. von Rosenstiel 1999, S. 636). Dieser Ansatz ermöglicht eine größtmögliche Motivation der Mitarbeiter bei der Optimierung von Organisationsstrukturen und –abläufen, da individuelle Ziele zeitgleich verfolgt werden, wie im Folgenden noch verdeutlicht wird.

Die Ziele der Organisationsentwicklung sind im Wesentlichen Reaktionen auf eine sich ständig verändernde Umwelt, bedingt durch Megatrends wie Globalisierung oder der technische Fortschritt um nur einige wenige zu nennen. Gebert nennt zwei wesentliche Hauptziele der Organisationsentwicklung: 1. Die Humanisierung der Arbeitswelt und 2. Die Erhöhung der Leistungsfähigkeit einer Organisation (vgl. von Rosenstiel 1999, S. 634f). Die Humanisierung der Arbeitswelt soll mehr Raum für individuelle Zielsetzungen

(Persönlichkeitsentwicklung und Selbstverwirklichung) der Mitarbeiter schaffen (vgl. von Rosenstiel 1999, S. 634). Gleichzeitig verbirgt sich hinter dem Ziel der Erhöhung der Leistungsfähigkeit der Organisation die Schaffung von größerer Flexibilität, sowie Veränderungs- und Innovationsbereitschaft in den Abläufen und der Struktur (vgl. von Rosenstiel 1999, S. 635).

Zunächst erscheinen die beiden Zielsetzungen antagonistisch zu sein, gilt doch allgemein dass die Arbeitnehmerseite Opfer bringen muss, wenn Arbeitnehmer bzw. Unternehmungsziele stärker betont werden und umgekehrt. Dieser Gegensatz besteht jedoch nicht zwangsläufig. Sogenannte „Win-Win-Strategies" (Gewinner-Gewinner-Strategien) werden grundsätzlich für realistisch gehalten. So soll die Stärkung der Effektivität und Leistungskraft einer Organisation bei gleichzeitiger Berücksichtigung menschlicher Bedürfnisse erreicht werden (vgl. von Rosenstiel 1999, S.635).

Abgrenzung zu anderen Arten der Reorganisation

Auch wenn der detaillierte Ablauf der ‚Organisationsentwicklung' erst in Kapitel 5 erfolgt, so soll doch auf die Definition an dieser Stelle eine kurze inhaltliche Gegenüberstellung mit dem ‚Business Reengineering' und der ‚beteiligungsorientierten Reorganisation' erfolgen. Wir halten fest, dass ‚Organisationsentwicklung' ein partizipatives Konzept ist, in dem zwischenmenschliche Beziehungen und individuelle Ansprüche Berücksichtigung finden. An dieser Stelle sei bereits erwähnt, dass nur schrittweise und graduelle Veränderungen durch ‚Organisationsentwicklung' implementiert werden können und keine radikalen ‚Kraftakte'. Im Gegensatz dazu, werden durch das ‚Business Reengineering' fundamentale Grundsatzentscheidungen getroffen und Unternehmensprozesse wesentlich verändert bzw. einem radikalen Redesign unterzogen. Anders als bei der ‚Organisationsentwicklung' werden keine bestehenden Abläufe modifiziert, sondern radikal neugestaltet. Das Ergebnis sind Quantensprünge und keine kleinen Leistungsverbesserungen. Vordergründig geht es um Verbesserungen in den Bereichen Kosten, Qualität, Service und Zeit. Arbeitnehmerinteressen finden keine gesteigerte Beachtung (vgl. Hammer/ Champy 1994, S.48).

Die ‚beteiligungsorientierte Reorganisation' ist in gewisser Weise eine Synergie aus der ‚Organisationsentwicklung' und dem ‚Business Reengineering'. Einerseits soll eine wesentliche Neubestimmung und spürbare Umgestaltung von Aufbau- und Ablauforganisation erreicht werden, jedoch wird nicht die Radikalität des ‚Business Reengineering' erreicht. Es erfolgt in der Regel keine komplette Zerstörung alter Abläufe. Darüber hinaus werden die Beschäftigten beteiligt, die ähnlich der ‚Organisationsentwicklung' von zentraler Bedeutung sind und im Einklang mit dem Management am Reorganisationsprozess mitwirken. Das zeigt sich u.a. in der Umsetzungsphase, die von Projektgruppen mit Mitarbeiterbeteiligung getragen werden (vgl. von Rosenstiel 1999, S. 639f).

3. Quellen der Organisationsentwicklung

In diesem Abschnitt sollen die Quellen und Bezugsgrößen dargestellt werden, die zur Entstehung eines solchen Konzeptes beigetragen haben. Die Anfänge der ‚Organisationsentwicklung' wird den amerikanischen Autoren Robert Blake, Herbert Shepard und Jane Mouton zugeschrieben. Erste Organisationsentwicklungs-Projekte werden auf 1957 datiert. McGregor, Blake und Shepard führten zur gleichen Zeit Projekte bei Union Carbide in den USA bzw. in verschiedenen Raffinerien von Esso Standard Oil durch. Erste Wurzeln liegen allerdings noch weiter zurück. Vier verschiedene Strömungen haben dabei Einfluss auf die spätere Entstehung der Organisationsentwicklung genommen: Die **Laboratoriumsmethode** wurde 1946 geprägt durch Kurt Lewin. Eher zufällig entdeckte dieser mit Mitarbeitern, dass gruppendynamische Prozesse intensive Lernvorgänge bedingen können. Daraus entstanden sind verschiedene Formen des gruppendynamischen Trainings, wie z.B. das Sensitivity-Training (vgl. von Rosenstiel 1999, S.636). Die **Survey-Feedback-Methode** geht ebenfalls zurück auf Kurt Lewin. Dieses Verfahren ist auch bekannt als Rückkopplungsmethode oder Daten-Rückkopplungsmethode. Dabei werden auf Initiative des Auftraggebers Einstellungsumfragen in Organisationen durchgeführt, die zusammengestellt, ausgewertet und interpretiert werden. Kennzeichnend für diese Methode ist, dass die Befragten in Workshops mit den Umfrageergebnissen konfrontiert werden (Rückkopplung) und die Problemlösung selbst vorantreiben: Gemeinsame Alternativen werden in den Workshops erarbeitet und im Anschluss durchgeführt. Der **Tavistock-Ansatz** geht zurück auf ein Forscherteam des Londoner Tavistock Institute of Human Relations. Untersuchungen von Produktivitätseinbußen und hohen Fehlzeitquoten in den 40er Jahren machten Zusammenhänge zwischen technologischen Veränderungen und sozialen Beziehungen sichtbar. Daraus wurde die ‚Theorie der sozio-technischen Systeme' entwickelt. Diese besagte, dass durch einen Einklang technischer und sozialer Strukturen eine optimale Funktionstüchtigkeit erreicht wird (vgl. von Rosenstiel 1999, S. 637). Die **Aktionsforschung** geht von einem sich ständig wiederholenden Wechsel von Aktionen und ihrer Evaluierung aus. Dieser fortwährende Prozess greift Probleme auf und generiert Hypothesen. Ergänzende Datensammlungen überprüfen die Ergebnisse der folgenden Aktion und führen wiederum zur Evaluierung. Comelli bezeichnet diesen Prozess auch als „rollenden Prozess empirischen Lernens" (vgl. von Rosenstiel 1999, S.637).

4. Die Philosophie der Organisationsentwicklung

In diesem Abschnitt wird eingegangen auf die der ‚Organisationsentwicklung' zugrunde liegenden Philosophie. Nicht jede Art von Veränderung in Organisationen ist als ‚Organisationsentwicklung' zu bezeichnen. ‚Organisationsentwicklung' basiert auf einem besonderen Konzept und einer ebenso speziellen Vorgehensweise. Koch, Meuers und Schuck formulieren vier Hypothesen, die als Grundannahmen für die Organisationsentwicklung dienen:

1. „Jeder Mensch ist prinzipiell entwicklungsfähig" (von Rosenstiel 1999, S. 638). Damit ist gemeint, dass der Mensch sich in beide Richtungen entwickeln kann. Er kann jederzeit etwas erlernen, allerdings kann dieses Erlernte über einen gewissen Zeitraum auch schrittweise verlernt werden, wenn es nicht abgerufen wird.

2. „Um bestehende personale und strukturale Lernunfähigkeiten, -widerstände und -barrieren zu überwinden, bedarf es planmäßiger Anstöße bzw. Interventionen von außen" (von Rosenstiel 1999, S. 638). Diese Hypothese impliziert, dass ein Antrieb aus dem Inneren einer Organisation heraus nicht ausreicht um bestehende Missstände zu verbessern, da interne Strukturen Teil dieser Missstände sind bzw. dazu beitragen.

3. „Leistungsoptimierung bzw. Effektivität der Organisation und Bedürfnisberücksichtigung der Arbeitnehmerinteressen schließen sich nicht prinzipiell aus, [...]" (von Rosenstiel 1999, S.638). Diese Hypothese findet bereits in Kapitel 2 Erwähnung. Gemeint ist die gleichzeitige Verfolgung und Erreichung von Zielen zur Optimierung der Leistungsfähigkeit einer Organisation und von Zielen die den Bedürfnissen der Mitarbeiter Rechnung tragen.

4. „Methoden zur Veränderung von Organisationen haben dann die besten Realisierungschancen und die höchste Erfolgswahrscheinlichkeit, wenn organisatorische Veränderungen unter Einbeziehung der Wünsche und Hoffnungen der Beteiligten und Betroffenen durchgeführt werden" (von Rosenstiel 1999, S. 638). Diese Grundannahme schlägt in dieselbe Kerbe wie die vorherige. Die Leistungsbereitschaft und –effizienz des einzelnen Mitarbeiters zur Erreichung von organisationalen Zielen ist dann am größten, wenn er dabei seine eigenen persönlichen Ziele befördert.

Diese vier Grundannahmen haben ihren Einfluss auf die ‚Organisationsentwicklung' und bilden das Fundament. Die Organisationsentwicklung basiert auf dem Verständnis, dass jeder Mitarbeiter entwicklungsfähig ist und daher einer ständigen und wiederkehrenden Förderung bedarf, um seine Qualifikationen aufrecht zu erhalten bzw. auszubauen (Hypothese 1). Darüber hinaus wird mit der Organisationsentwicklung wie bei den meisten Reorganisationsarten von außen agiert und „externe Impulse" verabreicht. Ausgegangen wird dabei davon, dass Organisationen sich nicht ohne externe reorganisieren können (Hypothese 2), da jeder Mitarbeiter bzw. jede Abteilung seinen Anteil zu bestehenden Missständen beiträgt und dies dem „Herausziehen aus dem Sumpf am eigenen Haarschopf" gleichkommen würde. Mit der Organisationsentwicklung wird dabei versucht Schnittmengen zwischen individuellen Zielen und Zielen der Organisation herzustellen, da auf diese Weise sowohl Arbeitnehmer- als auch Arbeitgeberseite an einem Strang ziehen (Hypothese 3). Wie in Kapitel 6 anhand der erzielten Effekte deutlich wird, basiert ein überwiegender Anteil des Erfolgs der Organisationsentwicklung auf der Partizipation der Mitarbeiter (Hypothese 4).

5. Ablauf der Organisationsentwicklung

Im Folgenden wird der typische Ablauf der Organisationsentwicklung beschrieben. Dazu sei erwähnt, dass stets ein maßgeschneidertes Programm angewendet wird. Im Wesentlichen sind jedoch die folgenden fünf Phasen vorzufinden: Die Kontaktphase, die Kontraktphase, die Diagnosephase, die Maßnahmedurchführung und die Erfolgsüberprüfung.

In der **Kontaktphase** treten der Auftraggeber und der sogenannte Organisationsentwickler in Kontakt, unabhängig davon ob der Organisationsentwickler ein externer Berater ist oder ein internes Organisationsmitglied. In dieser Phase geht es im Kern darum, die Problemlage zu erfassen und darauf basierend die grobe Zielsetzung festzulegen. Darüber hinaus ist es von besonderer Bedeutung, dass die „Spielregeln" für die Zusammenarbeit in dieser Phase klar definiert werden. Diese beinhalten beispielsweise Vereinbarungen zur Vertraulichkeit oder zur Einbeziehung von Betroffenen. Außerdem verständigt man sich auf eine für alle Beteiligte angemessene Vorgehensstrategie zur weiteren Identifizierung der Problemlage (vgl. von Rosenstiel 1999, S. 644). Zwischen folgenden Strategien wird dabei unterschieden:

Bei der Top-Down-Strategie wird an der Spitze begonnen und hierarchiestufenweise nach unten gearbeitet. Dies ist laut Comelli die zu bevorzugende Strategie, da so die Unterstützung der entscheidenden Machtstrukturen innerhalb der Organisation gewährleistet ist.

Bei der Keil-Strategie wird auf der mittleren Ebene begonnen und anschließend der Prozess nach oben und unten gleichermaßen fortgesetzt. Diese Vorgehensweise gilt als sehr mühsam.

Die punktuelle Strategie findet vor allem Anwendung bei begrenzten Problemstellungen, die beispielsweise auf wenige Abteilungen begrenzt sind. Es wird dabei bewusst auf ein übergreifendes Gesamtkonzept verzichtet.

Die Sandwich-Strategie beschreibt eine Vorgehensweise, bei der zeitgleich an der Spitze und auf der unteren Ebene angesetzt wird um sich anschließend von beiden Seiten an die Mitte vorzuarbeiten. Diese Strategie birgt vor allem die Gefahr, dass sich die mittlere

Führungsebene übergangen und überrumpelt führt und sich ablehnend gegenüber der ‚Organisationsentwicklung' verhält.

Die Basis-Upwards-Strategie ist das Gegenstück zur Top-Down-Strategie. Begonnen wird auf der untersten Ebene um den Prozess dann von unten nach oben zu forcieren. Diese Vorgehensweise gilt als sehr unökonomisch und findet in der Regel nur bei begrenzten Basis-Problemen Anwendung, die nicht den Weg nach „ganz oben" erfordern (vgl. von Rosenstiel 1999, S. 645).

Die zweite Phase ist die **Kontraktphase**, die mindestens ebenso wichtig wie banal ist. Die getroffenen Vereinbarungen müssen schriftlich fixiert werden, um späteren Missverständnissen vorzubeugen und Klarheit für alle Beteiligte zu schaffen (vgl. von Rosenstiel 1999, S. 645).

Die sich anschließende **Diagnosephase** wird durch den beauftragten Organisationsentwickler durchgeführt. Diese Phase legt den Grundstein für das weitere Vorgehen. Es gilt vor allem geeignete und zielführende Interventionen für den späteren Verlauf zu identifizieren. Dabei wendet er diagnostische Verfahren wie Befragungen, Diagnose-Workshops, die Beobachtung von betrieblichen Vorgängen oder die Auswertung betrieblicher Vorgänge, Ereignisse und Abläufe, um nur einige zu nennen. Diese Phase hat vor allem einen Bewusstmachungscharakter und dient vor allem dazu Einsichten zu schaffen, auch auf Seiten der befragten Mitarbeiter. Um ein umfassendes Bild zu erlangen können auch weitere Beteiligte und Betroffene als Informationslieferanten, beispielsweise Kunden oder Lieferanten, herangezogen werden. Letztendlich hängt von den in dieser Phase gewonnen Informationen die Entscheidung ab, wie tief in Organisation eingegriffen werden soll (vgl. von Rosenstiel 1999, S. 645).

In der Phase der **Maßnahmedurchführung** wird aufbauend auf die Diagnosephase eine konkrete Organisationsentwicklungsmaßnahme (Intervention) ausgewählt. Es gilt zwischen drei Ebenen zu unterscheiden, auf denen Handlungsbedarf entstehen kann. Dies sind die individuelle Ebene, die interpersonelle bzw. Team-Ebene und die Intergruppen- bzw. Organisationsebene. Je nach Ebene kommen zum Teil andere spezifische OE-Maßnahmen in

Betracht. Interventionen auf individueller Ebene zielen auf den einzelnen Mitarbeiter ab. Mögliche Maßnahmen sind gruppendynamische Übungen, Sensitivity-Trainings, individuelles Feedback, die Umstrukturierung der Arbeit oder Coaching. Interventionen auf der interpersonellen und Team-Ebene zielen darauf ab, die Zusammenarbeit auf Gruppenebene zu optimieren bzw. besser zu gestalten. Mögliche Interventionen sind gemeinsame Trainings, Maßnahmen zur Rollenanalyse oder Teamentwicklungstrainings. Auf der Intergruppen- und Organisationsebene zielen die Interventionen auf mehrere Gruppen, ganze Organisationsbereiche oder die Gesamtorganisation ab. Die Zusammenarbeit zwischen verschiedenen Gruppen soll verbessert werden. Häufige Instrumente auf dieser Ebene sind Problemlöse-Workshops und Kooperationstrainings, die möglichst an einem neutralen Ort stattfinden sollen, um die Zwänge der täglichen Arbeitssituation auszublenden. Falls nötig erfolgt in dieser Phase zudem eine Nach- bzw. Feinjustierung der zuvor definierten Ziele. Dies ist beispielsweise der Fall, wenn in der Diagnosephase zuvor unentdeckte Missstände sichtbar werden. Diese können dann nachträglich noch Berücksichtigung in der Organisationsentwicklung finden. Genauso kann der Kreis der am Projekt Beteiligten noch nachträglich geändert werden. Veränderte Zielsetzungen machen regelmäßig andere Teammitglieder mit entsprechenden Kompetenzen notwendig (vgl. von Rosenstiel 1999, S. 645).

In der Phase der **Erfolgsüberprüfung**, der schließenden Phase, werden die angewendeten Maßnahmen überprüft und ob das Ergebnis des OE-Projektes den Erwartungen entspricht. Darüber hinaus werden weitere Schlüsse aus dem gesamten Projekt gezogen, dabei werden auch verschiedene Meinungen zurate gezogen. Die „Lehren" aus dem Projekt ziehen, ist von besonderer Bedeutung, da Organisationsentwicklung als „experimentelles Lernen" gilt und neue Erfahrungen zu erfolgreicheren Projekten in der Zukunft beitragen. Bei Verfehlen des Ziels gilt es die Ursachen zu ergründen (vgl. von Rosenstiel 1999, S. 645).

6. Auswirkungen der Organisationsentwicklung

Es gilt als unstrittig, dass Organisationsentwicklung positive Effekte zur Folge hat. Positive – wie negative – Effekte, resultieren jedoch aus einer Vielzahl von Faktoren und nicht ausschließlich aus OE-Maßnahmen. Bestimmten Interventionen konkrete messbare Erfolge beizumessen ist daher nahezu unmöglich und würde an die Grenzen des methodisch Durchführbaren stoßen. Es gibt jedoch gewisse Effekte die immer wieder als Folge von Organisationsentwicklung beobachtet werden. Dazu zählt die Änderung des Führungsstils zu einer stärkeren **Mitarbeiter-Orientierung**. Führungskräfte übernehmen die Selbstverständlichkeit der Einbeziehung von Mitarbeitern in ihr tägliches Handeln. Weiterhin resultiert eine **Klimaverbesserung** aus der Organisationsentwicklung, die Hand in Hand geht mit einer größeren **Veränderungsbereitschaft** unter den Mitarbeitern. Es ist in der Folge akzeptierter Veränderungen und Anpassungen durchzuführen und nach vorne zu treiben, wenn bereits gute Erfahrungen damit gemacht wurden. Zudem ist eine offenere und direktere **Kommunikation** und damit einhergehend eine effizientere und weniger störanfällige **Zusammenarbeit** Folge der Organisationsentwicklung. Insgesamt ist hervorzuheben, dass durch die Partizipation **effizientere** und **akzeptiertere Strukturen** geschaffen werden, die beispielsweise eine **effektivere Teamarbeit** nach sich ziehen. Die Mitarbeiter sind in einem ungleich größeren Maße bereit, getroffene Entscheidungen mitzutragen und bei der Umsetzung zu helfen, wenn sie selbst an der Entwicklung der zugrunde liegenden Ideen mitgewirkt haben. Diese Tatsache spiegelt sich vor allem in einem insgesamt größeren **Engagement** und mehr **Zufriedenheit** bei den Mitarbeitern wieder. Die bereits erwähnten effizienteren und akzeptierteren Strukturen werden gestützt durch ein **größeres Vertrauen** und **weniger Widerstände** beim Arbeitsablauf sowie eine bessere **Entscheidungsfähigkeit** sowie –qualität. Letztere wird vor allem durch das Abrufen zuvor ungenutzten Wissens („Gold in den Köpfen der Mitarbeiter") und verborgener Kompetenzen erreicht. Zwei weitere wesentliche Folgen sind eine gesteigerte **Aufgeschlossenheit für Feedback** sowie eine größere **Konfliktfähigkeit** (vgl. von Rosenstiel 1999, S.650).

Allgemein sind dies oft beobachtete Resultate der Organisationsentwicklung, die im Wesentlichen auf die Partizipation der und Einbeziehung von Mitarbeitern zurückzuführen sind (vgl. von Rosenstiel 1999, S. 650).

7. Zusammenfassung

‚Organisationsentwicklung' ist eine Art der Reorganisation, die Organisationen als lebendige Systeme begreift und daher ein besonderes Augenmerk auf die sozialen Beziehungen innerhalb der Organisationen und den Aspekt der Menschenführung legt. Zwei wesentliche Ziele werden verfolgt, die zunächst unvereinbar scheinen: 1. Die Humanisierung der Arbeitswelt und 2. Die Erhöhung der Leistungsfähigkeit einer Organisation. Das Konzept der Organisationsentwicklung unterstellt jedoch, dass individuelle Bedürfnisse der Mitarbeiter nicht zwangsläufig vernachlässigt werden, wenn die Leistungsfähigkeit einer Organisation optimiert wird. Dies soll dadurch erreicht werden, dass durch jegliche Arbeitsabläufe beide Ziele gleichzeitig verfolgt werden. Ein Mitarbeiter, der sich selbst verwirklicht und motiviert ist, liefert auch bessere Arbeitsleistungen zur Leistungsoptimierung der Organisation. Im Wesentlichen reagiert Organisationsentwicklung dabei auf Veränderungen in der Umwelt, die auf die Organisationen einwirken und Handlungsbedarf bedingen. Erste Organisationsentwicklungsprojekte wurden 1957 dokumentiert. Diese wurden geplant und durchgeführt durch McGregor, Blake und Shepard. Erste Wurzeln liegen dabei noch weiter zurück: Dies sind die Laboratoriumsmethode, die Survey-Feedback-Methode, der Tavistock-Ansatz und die Aktionsforschung. Der Einfluss dieser vier Methoden aus der ersten Hälfte des vergangenen Jahrhunderts ist in der Organisationsentwicklung stark sichtbar. Der typische Ablauf eines OE-Projektes gliedert sich in fünf Phasen: In der Kontaktphase treten Auftraggeber und Organisationsentwickler zusammen, um das weitere Vorgehen, die Problemlage und die Konditionen zu analysieren bzw. festzulegen. In der Diagnosephase wendet der Organisationsentwickler Diagnoseverfahren an, um sich ein Bild der Lage zu verschaffen und geeignete Interventionen für den weiteren Verlauf zu identifizieren. In der Phase der Maßnahmedurchführung werden je nach Ebene verschiedene Interventionen angewendet. Unterschieden werden individuelle Ebene, die interpersonelle bzw. Team-Ebene und die Intergruppen- bzw. Organisationsebene. In dieser Phase können gegebenenfalls noch letzte Änderungen an zuvor getroffenen Entscheidungen getroffen werden, wie z.B. die Änderung oder Ergänzung der Zielsetzung. In der Phase der Erfolgsüberprüfung werden der Verlauf sowie das Ergebnis des OE-Projektes bewertet. Neue

Erfahrungen werden dokumentiert und im Falle der Zielverfehlung werden die Ursachen untersucht. Diese hier dargestellten fünf Phasen der Organisationsentwicklung gelten als weitverbreiteter Standard. Im Einzelfall werden weniger oder mehr Phasen angewendet, die sich aber inhaltlich nicht von den Vorgängen des Standards unterscheiden. Dies kommt vor allem durch „maßgeschneiderte" Vorgehensweise zustande. Die Effekte die Organisationsenwicklung werden besonders der Partizipation und Einbeziehung der Mitarbeiter zugeschrieben. Diese sind die treibende Kraft bei Erhebung und Behebung von Missständen in Organisationen. Häufig beobachtete Effekte der Organisationsentwicklung sind u.a. ein stärker an den Mitarbeitern orientierter Führungsstil, eine Klimaverbesserung, eine effektivere Teamarbeit und ein größeres Engagement der Mitarbeiter.

Abschließend bleibt zu sagen, dass Organisationsentwicklung positive Effekte für eine Organisation nach sich zieht. Dabei darf allerdings nicht zu viel von diesem partizipativen Konzept erwartet werden. Es ist keineswegs eine Wunderwaffe oder ein Allheilmittel, das drastische Schieflagen oder den Mangel von Kompetenzen oder Qualifikationen durch die Reorganisation bestehender Strukturen und Abläufen, beheben kann. Dies wird besonders deutlich im Vergleich zu den beiden anderen vorgestellten Arten der Reorganisation. Bei drastischen Schieflagen ist das ‚Business Reengineering' zielführender, baut es doch im Wesentlichen Organisationen neu auf, während alte Strukturen zerstört werden. Die ‚beteiligungsorientierte Reorganisation' hingegen verbindet die Vorzüge beider Reorganisationsarten: Es wird Wert auf die Partizipation der Mitarbeiter gelegt, wobei auch drastischere Missstände als durch die Organisationsentwicklung in Angriff genommen werden können. Es bleibt festzuhalten, dass die Organisationsentwicklung eine für leichte Missstände eine sehr gute Art der Reorganisation ist. Missstände werden für alle Beteiligte verträglich und gewinnbringend beseitigt, so dass in der Regel unter Beibehaltung alter Strukturen fortan effizienter gearbeitet werden kann.

Literaturverzeichnis:

Comelli, Gerhard. Organisationsentwicklung. 630 – 650. In Von Rosenstiel, Lutz et al (Hrsg.). Führung von Mitarbeitern. Handbuch für erfolgreiches Personalmanagement. Stuttgart. 1999. 4.Auflage.

Hammer, M.; Champy, J. Business Reengineering. Die Radikalkur für das Unternehmen. Frankfurt, New York. 1995. 5.Auflage.

Rush, H.M.F. Organization development: A reconnaissance. New York. 1973.